AF550808

Gerald Hüther und André Stern

Was schenken wir unseren Kindern?

Eine Entscheidungshilfe

PENGUIN VERLAG

Inhalt

Einleitung

Dieses Buch haben wir geschrieben, weil uns die in unsere Welt hineinwachsenden Kinder am Herzen liegen. Bald schon werden sie erwachsen sein und das Erbe übernehmen müssen, das wir ihnen dann überlassen. Ein Geschenk ist das für sie wahrlich nicht. Denn unsere Generation wird es nicht mehr schaffen, ihnen diese Welt samt ihrer Vielfalt von Lebensformen zumindest so zu übergeben, wie wir sie einst von unseren Eltern übernommen haben.

Es reicht nicht, unseren Kindern zu wünschen, dass es ihnen gelingen möge, den von uns erzeugten Müll beiseitezuräumen, die durchwühlten und zubetonierten Landschaften wiederzubeleben, die vielen weltweiten Konflikte zu lösen und allen Menschen ein friedliches Zusammenleben ohne Krieg, Not und Elend zu ermöglichen. Wir müssten ihnen dabei helfen und ihnen so viel Kraft und Zuversicht mit auf den Weg geben, damit es ihnen dann auch wirklich gelingt.

Was aber brauchen Kinder, um zu lebensfrohen, selbstbewussten und verantwortungsvollen Entdeckern und Gestaltern ihrer Lebenswelt heranzureifen, um die in ihnen angelegten Potentiale so gut wie möglich entfalten zu können?

Offenbar etwas anderes, als das, was wir ihnen gegenwärtig bieten. Das jedenfalls legen statistische Erhebungen nahe, die gelegentlich in den Medien verbreitet werden: Jeder zehnte Schüler ist demnach gegenwärtig in psychotherapeutischer beziehungsweise psychiatrischer Behandlung. Ein Viertel aller Grundschüler leidet an Bluthochdruck, extremem Übergewicht, an Diabetes und anderen körperlichen Erkrankungen und/oder psychischen Problemen wie Angststörungen, gestörtem Sozialverhalten und mangelnder Konzentrationsfähigkeit. Über die Hälfte aller Kinder und Jugendlichen verbringt inzwischen mehr Zeit vor den Flachbildschirmen ihrer digitalen Geräte als draußen an der frischen Luft. Die Bedingungen, unter denen unsere Kinder heute aufwachsen, sind offenbar nicht geeignet, sie zu stärken. Im Gegenteil. Sie machen viel zu viele sogar krank.

Deshalb sollte dieses Buch eigentlich ein Aufruf, zumindest ein Weckruf für all jene werden, die Kinder auf ihrem Weg ins Leben begleiten. Aber wir sind beide keine Aufrufer, auch keine Aufwecker. Und es gibt ja inzwischen längst genügend Auf- und Weckrufe, die meist ebenso ungehört verhallt sind wie die der Kassandra in Troja. Sie hatte vorhergesehen, was in dem Riesenholzpferd verborgen war, das die Trojaner als Geschenk der Griechen vor ihrem Stadttor gefunden hatten. Aber sie schleppten dieses Geschenk trotzdem in ihre Stadt, und das war der Anfang von ihrem Ende. Auch wenn sie sich noch eine Zeitlang tapfer wehrten, wurden sie schließlich besiegt, unterworfen und unterdrückt.

Freilich hat sich unsere Lebenswelt inzwischen grundlegend verändert. Doch noch immer gibt es Mächtige, Stärkere und Überlegene, die ihre Herrschaft durch Unterwerfung und Unterdrückung sichern. Allerdings scheint die Strategie des offensichtlichen Zwangs in vielen Regionen unserer globalisierten und digitalisierten Welt allmählich zu einem Auslaufmodell zu werden. Wer heute Macht über andere gewinnen und sichern will, braucht die altbewährten Unterdrückungsinstrumente nicht mehr. Der macht die anderen einfach von dem abhängig, was er ihnen anbietet. Am besten geht das durch verführerische Geschenke. Und am zuverlässigsten funktioniert es, indem man sie denjenigen anbietet, die am leichtesten darauf hereinfallen – Kindern. Die Mächtigen dieser Welt, und damit meinen wir nicht nur die politisch Mächtigen, sichern ihre Herrschaft längst nicht mehr nur durch Gewalt und Unterdrückung, sondern durch Verführung. Doch Verführung ist nur eine besonders perfide Art von Unterdrückung. Durch physische Gewalt Unterdrückte können sich gegen ihre Unterdrücker wehren, können versuchen, Widerstand zu leisten. Verführte werden womöglich bis zum letzten Atemzug behaupten, eigenständig entscheidende, freie Menschen zu sein.

Das ist es, was uns Sorgen macht, nicht nur, weil es unsere Kinder gefährdet, sondern weil es unser Leben auf diesem Planeten bedroht. Deshalb haben wir dieses Buch geschrieben – nicht als Aufruf, sich allen Verführungsstrategien zu widersetzen, sondern als Einladung, darüber nachzudenken, was wir unseren Kindern schenken.

Kinderaugen sagen mehr als tausend Worte

Wie viele Worte brauchen wir, um einander zu sagen, was wir uns wünschen? Und wie machen das unsere Kinder? Wie gut müssen sie ihre Muttersprache beherrschen, um zum Ausdruck zu bringen, was ihnen fehlt, um glücklich zu sein? Und ist das, was sie uns dann zu sagen imstande sind, auch das, was ihnen wirklich am Herzen liegt? Und wie können wir sicher sein, das von ihnen Gesagte auch so verstanden zu haben, wie sie es gemeint hatten? Reden nicht auch viele Erwachsene mit dem, was sie einander sagen, in Wirklichkeit aneinander vorbei? Zum Glück gibt es eine Sprache, die überhaupt keine Worte braucht und die wir dennoch alle verstehen. Diese Sprache muss von den Kindern auch nicht erst erlernt werden. Alle Kinder bringen sie mit ihrer Geburt mit auf die Welt: die Sprache der Augen. Deshalb beherrschen sie diese Sprache auch von Anfang an perfekt: Jedes Kind kann mit seinen Augen zum Ausdruck bringen, wie es ihm geht, ob es glücklich ist oder ob ihm etwas fehlt, ob es sich freut oder ob es traurig ist, ob es Vertrauen hat oder Angst.

Was unsere Kinder durch die Art und Weise zum Ausdruck bringen, wie sie uns anblicken, ist das wahrhaftigste und ehrlichste Zeugnis ihrer inneren Befindlichkeit. Wir brauchen sie nur anzuschauen. Der Blick in ihre Augen verrät uns, was sie sich wünschen.

Noch als Erwachsene können wir das, was wir denken oder fühlen, niemals so perfekt verbergen, dass jemand, den wir anschauen, unsere enttäuschten Erwartungen beispielsweise nicht bemerkt. Deshalb wagen wir es ja auch nur so selten, einem anderen Menschen wirklich offen in die Augen zu blicken. In manchen menschlichen Kulturen ist das sogar ein Tabu, also strengstens verboten.

Wie fundamental wichtig genau das ist, was seine Augen über die innere Befindlichkeit eines Menschen verraten, haben die Werbestrategen schon sehr lange erkannt und besonders gut auszunutzen gelernt. Nichts überzeugt eine ahnungslose, als möglicher Kunde für ein bestimmtes Produkt auserkorene Person stärker und nachhaltiger als die Darstellung des Augenausdrucks eines Menschen, der dieses Produkt soeben gekauft oder geschenkt bekommen hat. Und weil dieses Strahlen am klarsten und am eindringlichsten in den Augen von Kindern zu beobachten ist, werden Kinder besonders gern zur Bewerbung bestimmter Produkte benutzt. Die meisten Erwachsenen fallen darauf herein. Am anfälligsten dafür sind all jene, die dieses Strahlen in den Kinderaugen selbst so gern hervorzaubern, indem sie einem Kind etwas schenken.

Und auf den ersten Blick stimmt es ja auch: Alle Kinder freuen sich über Geschenke. Allerdings nur über solche, die ihnen hinreichend attraktiv erscheinen. Die sie sich insgeheim gewünscht oder vielleicht für Eltern, Freunde und Verwandte sichtbar auf ihren Wunschzettel geschrieben, gekritzelt oder gemalt haben. Der Blick eines Kindes, dem jemand das »falsche« Geschenk mitgebracht hat – eine Armbanduhr statt der erhofften Playstation, ein Buch statt der gewünschten Puppe –, sagt dann ebenfalls mehr als tausend Worte.

Aber ist ein Geschenk »falsch«, wenn es nicht das ist, was das beschenkte Kind haben wollte? Wer hat es eigentlich dazu gebracht, sich genau das und nichts anderes zu wünschen? Mit einer solchen Vorstellung und einem solchen Wunsch ist ja kein Kind schon auf die Welt gekommen. Irgendwann und irgendwo muss es davon erfahren haben. Durch Freunde, Geschwister oder aber durch schon auf die Kleinen gemünzte Werbung.

Was jedes Kind aber bereits bei seiner Geburt fest in seinem Gehirn verankert hat, sind keine Wünsche, sondern zwei Grunderfahrungen. Einerseits die engste Verbundenheit mit seiner Mutter und andererseits die Erfahrung, immer weitergewachsen, über sich hinausgewachsen zu sein. Solange es sich sicher verbunden fühlt, wird jedes Kind spielerisch erproben, was alles geht und wie etwas gehen könnte. Dabei erwirbt es immer mehr Wissen und Können und erlebt sich als autonomer Gestalter all dessen, was es macht. Diese beiden miteinander verkoppelten Grunderfahrungen von Verbundenheit einerseits und Autonomie andererseits werden fest im Hirn verankert und bestimmen daher die Erwartungen aller Kinder, überall auf der Welt. Deshalb versuchen sie, so gut sie es vermögen, ihre jeweilige Lebenswelt und ihre Beziehungen zu den Personen, die sich um sie kümmern, so zu gestalten, dass diese beiden Grundbedürfnisse gestillt werden können. Das ist es, was alle Kinder wollen und was sie sich wünschen, was sie anfangs zwar noch nicht mit Worten, dafür aber mit ihren Augen zum Ausdruck bringen. Ein Blick in ihre Augen sagt sehr deutlich, was sie empfinden, wenn sie alleingelassen werden. Wie sehr sie erwarten, dass sich jemand ihnen zuwendet. Und ihre Augen strahlen, wenn ihre Entdeckerfreude erwacht und sie auszuprobieren beginnen, wie etwas funktioniert. Wenn sie versuchen, etwas zu bauen, es auseinanderzunehmen und zusammenzufügen, immer wieder, bis es ihnen endlich gelingt.

Was sollte ein Kind, das sich mit diesen Grunderfahrungen ausgestattet auf den Weg ins Leben gemacht hat, noch geschenkt bekommen? Es hat ja bereits alles, was es benötigt, wenn es sich fest mit seinen Bezugspersonen verbunden fühlt und seine Möglichkeiten spielerisch erkunden kann. So lernt es von ganz allein immer besser, dafür zu sorgen, dass es in seiner kleinen Welt all das findet, was es zum Glücklichsein braucht.

Also gibt es doch ein Geschenk, das wir unseren Kindern auf ihrer Suche danach, wie das Leben geht, mit auf den Weg geben sollten. Jedenfalls dann, wenn es uns nicht gleichgültig ist, ob sich ein Kind auf diesem Weg verirrt. Dann werden wir ihm, so gut wir es vermögen, alles schenken, was ihm hilft, sein angeborenes Vertrauen zu sich selbst und sein wachsendes Vertrauen zu uns als seinen Begleitern nie zu verlieren. Damit können wir unsere Kinder davor bewahren, nicht auf das hereinzufallen, was ihnen von Menschen angeboten wird, denen nicht das Glück der Kinder, sondern ihr eigener Vorteil und Gewinn am Herzen liegen.

Wer das nicht hat, was Kinder brauchen, kann es ihnen auch nicht schenken

Auf alles, auf unsere schicken Häuser, auf unsere schnellen Autos, auf all unsere Besitztümer können wir verzichten (wenn es sein muss), aber nicht auf unsere Kinder. Wir wären sonst schnell die letzten Menschen, die diese Erde bewohnten. Aber um das Leben der nächsten Generationen zu sichern, reicht es nicht, einfach nur genügend Kinder zu bekommen. Jedes Kind, das geboren wird, braucht jemanden, der ihm hilft, seinen Weg ins Leben zu finden. Das klingt wie eine Banalität, ist aber doch alles andere als selbstverständlich. Völlig allein, ohne Erwachsene, die sich um sie kümmern, schaffen es Kinder nicht. Vor allem Mütter wissen das. Gleichgültig wo und unter welchen Bedingungen sie ein Kind zur Welt bringen, versuchen sie in der Regel mit aller Kraft, ihrem Baby das zu bieten, was es zum Überleben braucht: Wärme, Fürsorge, Zärtlichkeit, Nahrung und Zuwendung.

Die Bedingungen, unter denen Kinder aufwachsen, sind allerdings nicht überall so, dass dies den Eltern auch immer gelingt. Wie viele Mütter haben das von ihnen auf die Welt gebrachte Kind möglicherweise gar nicht gewollt? Wie viele Eltern sind in der Lage, sich wirklich mit ganzem Herzen auf ihren Nachwuchs zu freuen? Wie viele haben kaum genug, um ihr eigenes Überleben zu sichern? Wie viele Mütter fühlen sich alleingelassen und sind verzweifelt? Niemand weiß das. Nur dass es viel zu viele sind, wissen wir alle. Denn jedes Kind, dem schon zu Beginn seines Lebens versagt bleibt, dass es all das geschenkt bekommt, was es braucht, um sich im Leben zurechtzufinden, ist ein Kind, das um sein nacktes Überleben kämpfen muss. Was solche Kinder erleben müssen, ist kein Fehlstart, es ist eine Bruchlandung. Niemand muss Entwicklungsneurobiologie oder -psychologie studieren, um zu begreifen, wie sehr das weitere Leben eines Kindes durch solche negativen Erfahrungen bestimmt wird. Sehr wahrscheinlich ist es die Mehrheit der täglich zur Welt kommenden etwa 230000 Kinder, die menschenunwürdige Erfahrungen machen müssen und denen der Weg in ein selbstbestimmtes und glückliches Leben damit von Anfang an versperrt wird.

Es ist nicht die Schuld all dieser Eltern, dass sie nicht in der Lage sind, die körperlichen und seelischen Grundbedürfnisse ihrer Kinder zu stillen. Ihr Herz schlägt für ihre Kinder. Und jeder Blick in deren Augen sagt ihnen, was ihnen fehlt. Aber sie können ihnen ja nicht etwas geben, was sie selbst nicht haben oder selbst nie erfahren haben. Diejenigen, die selbst nicht genug besitzen, um ihre Kinder zumindest nicht länger hungern zu lassen, sind für die meisten von uns weit weg. Wir sehen die Augen ihrer Kinder meist nur auf Bildern, die von ihnen gemacht wurden und bei uns verbreitet werden. Aber selbst dann schauen viele weg, weil sie sich nicht auf das einlassen wollen, was diese Augen ihnen sagen. An der Art und Weise, wie jemand ein Kind anschaut, lässt sich am leichtesten erkennen, wie sehr sein Herz für Kinder schlägt. Auch Erwachsene können ja noch sehr gut mit ihren Augen sprechen. Liebevoll und zugewandt kann ihr Blick dem eines Kindes begegnen. Oder kühl und abweisend. Kinder verstehen ganz genau, was unsere Augen sagen.

Warum wir Kindern Geschenke machen

Wir alle machen uns gegenseitig Geschenke, geben sie von Herzen oder weil wir uns verpflichtet fühlen, überreichen sie manchmal mit mehr, manchmal mit weniger Hintergedanken. Einander Geschenke zu bereiten ist Teil des sozialen Lebens und dient dazu, das Gefühl der Verbundenheit mit einem anderen Menschen zu bestätigen, bisweilen aber auch dazu, besondere Beachtung und die Dankbarkeit anderer zu erlangen. Häufig verbindet sich mit einem Geschenk die Erwartung einer Gegengabe. Dann wird aus dem Verschenken ein stillschweigendes Geschäft. Da Kinder überall auf der Welt besonders gern beschenkt werden, liegt es nahe, sich zu fragen, weshalb das so ist und aus welchen Gründen und mit welchen Absichten wir Kindern so gern etwas schenken.

Erste Antworten auf diese Fragen lassen sich bereits finden, wenn man anderen dabei zuschaut, wie sie einem Kind ein Geschenk überreichen. Oft bringen sie allein damit, was sie dazu sagen, recht deutlich zum Ausdruck, worum es ihnen geht. Zum Beispiel mit dem Hinweis: »Das habe ich dir mitgebracht, weil …« Es folgt eine Begründung, die zeigt, dass es sich bei diesem Geschenk um eine Belohnung für bestimmte Verhaltensweisen oder Leistungen des Kindes handelt, die von der betreffenden Person als besonders wichtig und anstrebenswert betrachtet werden. Das Geschenk soll das Kind dazu bringen, diese Fähigkeiten auch künftig weiter herauszubilden. Die oder der Schenkende verfolgt damit also eine Absicht, ähnlich wie bei einem Geschäft: Leistung für Gegenleistung.

Noch deutlicher wird der absichtsvolle Einsatz von Geschenken, wenn der Nebensatz mit »damit« beginnt, also: »Das schenke ich dir, damit du dieses oder jenes noch besser üben/trainieren/lernen kannst.« Oft sind Erwachsene sich dessen gar nicht bewusst, dass sie mit ihrem Geschenk eine bestimmte Absicht verfolgen. Die meisten Kinder spüren aber, dass da etwas nicht stimmt. Die älteren erkennen bisweilen sehr schnell, dass sie so zum Objekt der Erwartungen und Bestrebungen des Schenkenden gemacht werden. Deshalb mögen sie solche Erziehungs- und Bildungsgeschenke auch nicht so sehr.

Selbst Jüngere merken aber oft auch schon recht gut, wenn sie ein Geschenk mit einer bestimmten Absicht überreicht bekommen. Sie verstehen vielleicht die Worte noch nicht, aber die Tonlage, in der sie angesprochen werden, die Mimik und Gestik, das ganze Gebaren des Schenkenden kommt ihnen ebenso eigenartig vor wie uns als Zuschauern, sobald wir darauf zu achten beginnen. Es erinnert ein bisschen an die Stiefmutter im Märchen von Schneewittchen, die ihren vergifteten Apfel als Geschenk anpreist. Die meisten Kinder nehmen ein solches Geschenk trotzdem an, vor allem dann, wenn es für sie besonders attraktiv ist. Etwa weil es das angesagte Spiel ist, das großen Spaß macht und nach dem sich alle Kinder sehnen. Manchmal nehmen sie es mit Dank an, weil die Person, die ihnen das Geschenk überreicht hat, ihnen vielleicht besonders nahesteht und sie diese nicht enttäuschen wollen. Attraktiv kann ein Geschenk aber auch deshalb sein, weil es einem Kind die Möglichkeit bietet, mehr Beachtung und Anerkennung bei den Gleichaltrigen aus seiner Peergroup zu finden.

Es gibt leider auch Erwachsene, die Kinder bewusst oder unbewusst benutzen, um ein Verlangen oder ein Bedürfnis zu befriedigen, das sie selbst in sich tragen und das sie auf andere Weise nicht oder nicht so leicht zu stillen imstande sind. Die bloße Sehnsucht nach Verbundenheit mit dem betreffenden Kind kann das nicht sein, denn sobald Kinder spüren, dass ein Erwachsener gern mit ihnen zusammen ist, sie ernst nimmt und sie nicht bedrängt, suchen sie auch dessen Nähe. Sie machen das aus sich heraus, und das Gefühl von Verbundenheit entsteht dann von ganz allein. Um sein Bedürfnis nach Verbundenheit mit einem Kind zu stillen, bedarf es also keiner besonderen Bemühungen um das betreffende Kind, geschweige denn irgendwelcher Geschenke.

Wer sich also besonders intensiv darum bemüht, von einem Kind beachtet, bewundert oder »geliebt« zu werden und es deshalb beschenkt, verfolgt damit immer eine bestimmte Absicht. Sie oder er will etwas, erwartet etwas von dem Kind, das es aus sich selbst heraus – also ohne dieses besondere Bemühen und ohne dieses Geschenk – nicht zu tun bereit wäre.

So paradox es klingt: Kraftlos und bedürftig ist dann nicht das Kind – sondern der Erwachsene. Ihm fehlt etwas, von dem er hofft, dass es ihm von dem Kind geschenkt wird. Sie oder er benutzt also das Kind zur Überwindung dieses eigenen Defizits, zur Stillung dieses unerfüllten Bedürfnisses. Am häufigsten handelt es sich dabei um das Bedürfnis, von dem betreffenden Kind geliebt oder wenigstens gemocht zu werden.

Viele werden meinen, das sei doch ein durchaus verständlicher Wunsch. Aber ist es nicht so, dass all jene Personen, die sich so sehr danach sehnen, von einem anderen Menschen geliebt zu werden, diejenigen sind, die diesen anderen so sehr brauchen? Von ihm erwarten sie, dass er ihnen endlich die Geborgenheit, die Nähe, die Sicherheit und die Bedeutsamkeit schenkt, die sie in ihrem bisherigen Leben nicht gefunden haben. Mit Liebe hat dieses Begehren nichts zu tun. Es ist eher Ausdruck der Unmöglichkeit und Unfähigkeit, einen anderen Menschen, so wie er ist, ohne Erwartungen und ohne Absichten zu lieben. Ein Kind, das einfach nur geliebt wird, weil es da ist, braucht eigentlich keine Geschenke.

Viele Erwachsene, und das haben wir bereits angesprochen, verteilen nicht deshalb Geschenke an Kinder, weil sie von ihnen geliebt werden wollen, sondern weil sie hoffen, dass die ihnen anvertrauten Kinder ihnen dann besser folgen. Meist sind das Eltern oder auch Großeltern, die eine sehr klare Vorstellung davon haben, worauf es im Leben ankommt – eine Vorstellung, die sie auf das Kind übertragen. Manche haben das Gefühl, selbst nicht das erreicht zu haben, was ihnen möglich gewesen wäre. Sie sind dann bereit, alles dafür zu tun, dass es das von ihnen begleitete Kind später einmal »besser hat« und »besser schafft«. Die Kinder sollen also den Traum erfüllen, den sie selbst zu verwirklichen nicht imstande waren. Hier wird der Einsatz von Geschenken als versteckte Verführungen besonders deutlich.

Viele Eltern haben aber auch einfach nur Angst, dass sich ihr Kind später im Leben nicht zurechtfindet, dass es die Schule nicht schafft, nicht studieren kann, keinen guten Job bekommt, zu wenig Geld verdient, keine Freunde findet und keine Familie gründet, womöglich sogar kinderlos bleibt. Deshalb sind sie sehr darum bemüht, ihren Kindern genau den Weg ins Leben zu ebnen, den sie für den richtigen halten. In unserem Kulturkreis sind die Zeiten vorbei, in denen Erwachsene als autoritäre Machthaber ihren Kindern diesen Weg aufgezwungen haben. Inzwischen versuchen die meisten Eltern ihren Kindern, wie sie es nennen, liebevolle, partnerschaftliche Begleiter zu sein.

Sie räumen beiseite, was ihren Kindern für das, was sie als Ziel im Blick haben, im Weg steht. Sie passen auf, dass die Heranwachsenden nicht von diesem Weg abkommen und ihn so rasch, so effektiv und so erfolgreich wie möglich absolvieren. Und sie setzen dafür Lockmittel ein, verteilen ihr Lob und auch immer wieder Geschenke. So werden die Kinder gelobt und beschenkt für jeden unterdrückten Wutausbruch, für »braves« Verhalten, für »gute Leistungen«, also für alles, was in den Augen ihrer Eltern, ihrer Erziehungs- und Lehrpersonen geeignet ist, deren Vorstellungen davon, worauf es im Leben ankommt, zu erfüllen.

Die meisten erwachsenen Begleiter unserer Kinder trauen ihnen einfach nicht zu, dass sie ihren Weg in ein erfülltes, glückliches Leben allein finden. Und dieses Misstrauen ist ja auch berechtigt. Wie sollen sie sich in der Welt zurechtfinden, wenn sie so vieles, worauf es dabei ankommt und was sich nicht unterrichten lässt, nur unzulänglich lernen und sich aneignen können? Dafür brauchen sie Zeit und Erfahrungsräume außerhalb ihrer Schulgebäude. Und sie brauchen genügend Gelegenheiten, um zu lernen, wie sich die Steine wegräumen lassen, die ihnen im Leben immer wieder in den Weg rollen.

Damit Kinder Vertrauen in ihre eigene Gestaltungskraft gewinnen können, müssten sie selbst so viel wie möglich nach ihren eigenen Vorstellungen gestalten können. Damit sie lernen können, welche Talente und Begabungen in ihnen stecken, müssten sie ihre

Fähigkeiten spielerisch herausfinden und erproben können. Damit sie Gefahren zu vermeiden lernen, müssten sie genügend Gelegenheit haben, gefährliche Situationen allein, nur im Notfall mit Unterstützung Erwachsener zu meistern. Damit sie selbst Verantwortung für ihr Handeln übernehmen können, müsste ihnen die Möglichkeit geboten werden, sich für etwas oder jemanden verantwortlich zu fühlen und dafür einzustehen.

Ein Kind, dem es unter kompetenter Begleitung durch Eltern oder Lehrer ermöglicht worden ist, diese Fähigkeiten schrittweise zu erwerben, erlangt dabei von ganz allein das Gefühl von Selbstwirksamkeit, hat Vertrauen in die von ihm erworbenen Kompetenzen und ist zunehmend besser in der Lage, selbst Verantwortung für sein Handeln zu übernehmen. Ein solches Kind, das all das selbst erleben und erlernen darf, braucht keine Geschenke, die es dazu motivieren sollen. Im Gegenteil! Wenn Kinder nur deshalb lernen, sich so zu verhalten, wie ihre Begleiter das wünschen und mit Belobigungen und Geschenken zu erreichen suchen, bleibt dieses Verhalten das Resultat einer Abrichtungs- und Dressurleistung. Solche Methoden werden aber inzwischen nicht einmal mehr von modernen Zirkusdompteuren eingesetzt.

Geschenke bekommen Kinder und Jugendliche aber nicht nur zu Hause oder in irgendwelchen Einrichtungen, die sie besuchen. Und auch nicht nur von denen, die es gut mit ihnen meinen und einem Kind mit ihrem Geschenk Freude bereiten wollen. Geschenke werden auch von sehr vielen Personen verteilt, die weder von den Kindern geliebt werden wollen, noch die Absicht verfolgen, ihnen den Weg in ein Leben zu bahnen, das ihren Vorstellungen von einem glücklichen Leben entspricht. Denen das Wohl und Wehe der Kinder, die sie mit ihren Geschenken verführen, in keiner Weise am Herzen liegt. Das sind all jene, die Kinder benutzen, um Geld zu verdienen. Sie machen das nicht im naiven Glauben, den Kindern damit etwas Gutes zu tun. Und sie machen es auch nicht aus dem unbewussten Bedürfnis heraus, von den Kindern gemocht zu werden. Sie verfolgen ihre Absichten bewusst und sie beherrschen die Kunst der Verführung um Dimensionen besser als alle anderen.

Sie nutzen für ihre Verführungskünste die neuesten Erkenntnisse psychologischer und neurologischer Forschungen und sie machen es vor allem so, dass es kaum jemand bemerkt. Nicht die Kinder, die sie als Objekte zum Erreichen ihrer Absichten und Ziele benutzen, aber auch nicht die meisten Eltern, Erzieherinnen und Pädagogen. Diese Kinderverführer verteilen selbst keine Geschenke. Sie sorgen lediglich mit immer geschickteren Methoden und Strategien dafür, dass möglichst viele Kinder die von ihnen angebotenen Produkte haben möchten. So schaffen sie die wichtigste Voraussetzung dafür, dass Erwachsene diese Erzeugnisse mit den unverfänglichen Bezeichnungen »Spielzeug« und »Süßigkeiten« bereitwillig kaufen und den

Kindern schenken. Was diese Spielwaren- und Süßwarenindustrie inzwischen global aufgebaut hat, ist die perfideste Verführungsmaschinerie, die es in der gesamten Menschheitsgeschichte bisher gab.

Ihren Erfolg verdankt sie dem Umstand, dass wir Menschen und ganz besonders die Kinder sehr stark ausgeprägte Wahrnehmungspräferenzen haben, die diese Verführer für ihre Verkaufsabsichten ausnutzen.

Zum einen ist das eine allen »Kohlehydratessern« angeborene Vorliebe für alles, was süß schmeckt. Entstanden ist diese anziehende Wirkung des Süßen im Lauf der Evolution. Etwas, das süß schmeckt, enthält in der Regel leicht vom Körper aufschließbare Zucker. Und die lassen sich durch ihre Verstoffwechselung am raschesten und am effizientesten in solche Energieträger umwandeln, die vom Körper anschließend überall dort zur Freisetzung von Energie benutzt werden, wo diese besonders gebraucht wird. Das ist beim Menschen vor allem das Gehirn. Und weil Kinder so viel Neues aufnehmen, verarbeiten und lernen und ihr Gehirn dabei viel Energie verbraucht, ist es nur allzu verständlich, dass sie von allem, was süß schmeckt, so sehr angezogen werden. Die insbesondere auf der Zungenspitze eingebauten Rezeptoren für Süßes leiten ihre Erregungen direkt weiter zum Gehirn und aktivieren dort eine Region, die von den Hirnforschern »Belohnungszentrum« genannt wird.

Es ist deshalb nicht leicht und gelingt auch nur selten, Kinder durch den Hinweis auf die Gefahren für die

Gesunderhaltung ihrer Zähne von dieser angeborenen Präferenz abzubringen. Das wissen die Süßigkeitenhersteller ganz genau. Deshalb versetzen sie inzwischen fast alle Nahrungsmittel mit Zucker – selbst diejenigen, die für besorgte Eltern als besonders gesund dargestellt werden. Die Kinder mögen das. Und wer ihnen solche Sachen – mit welcher Absicht auch immer – schenkt, macht sich zum Handlanger dieser Verführer.

Die zweite, ebenfalls angeborene und in unserer Physiologie angelegte Wahrnehmungspräferenz ist noch subtiler zur Verführung von Kindern nutzbar. Auch sie hat etwas mit der Arbeitsweise des Gehirns zu tun. Die aus den Sinnesorganen eintreffenden Signale können das, was dort oben geschieht, mehr oder weniger stark beeinflussen. Wenn alles grau ist, fesselt ein Farbklecks bisweilen die gesamte Aufmerksamkeit. Und im Rahmen all dessen, was Kinder tagtäglich wahrnehmen, zieht sie natürlich vor allem das an, was aus dieser Alltäglichkeit heraussticht. Etwas, das bunt schillert, beispielsweise. Oder farblich viel intensiver gestaltet ist, als es normalerweise in der natürlichen Lebenswelt eines Kindes vorkommt. Oder etwas, das sich sehr rasch bewegt und dazu womöglich Töne erzeugt oder gar spricht.

Das fesselt die Aufmerksamkeit eines jeden Kindes. So etwas will es haben, damit gern spielen. Die leuchtend farbige Glasperlenkette zum Beispiel oder das Kinderbuch mit den bunten Bildern der Haustiere, die auch noch muhen, wiehern, grunzen und gackern, wenn man auf eine bestimmte Stelle drückt. Oder das Smartphone und das Tablet. Die Hersteller dieser Produkte wissen genau, was Kinder anzieht. Und je anziehender sie ihre »Spielzeuge« gestalten, desto sicherer gelingt es ihnen, die Kinder für ihre Produkte zu begeistern. So funktioniert Verführung.

Eltern und Erzieher haben kaum eine Chance, Kinder vor der Anziehungskraft der zunehmend perfekter gestalteten Spielwaren zu schützen. Sie ihnen vorzuenthalten nützt auf Dauer wenig. Über kurz oder lang werden die Kinder diese »Geschenke« bei ihren Freunden, in der Spielwarenabteilung oder in den Medien entdecken. Sie ihnen vorzuenthalten macht sie nur noch attraktiver. Vielen Eltern fällt es zudem recht schwer, die cleveren Werbe- und Verkaufsstrategien der Hersteller dieser Produkte zu durchschauen. Sie ahnen nicht, dass deren Marketingexperten viel besser als sie selbst die Motive kennen, die sie als erwachsene Begleiter dieser Kinder dazu bringen, ein Geschenk für ein Kind zu »besorgen«, es also einzukaufen. Deshalb entwerfen und produzieren sie Spielwaren, die »zum Liebhaben« besonders perfekt gestaltet sind. Oder die sich mit dem Prädikat »pädagogisch wertvoll« besonders gut an all jene Eltern verkaufen lassen, die alles dafür tun wollen, dass ihr Kind möglichst »gut vorankommt«.

Gehen Kinder dann erst tagtäglich in die Schule, wünschen sie sich noch andere Geschenke. Eine Playstation oder ein eigenes Smartphone, einen Computer mit spannenden Videospielen, demnächst vielleicht eine Virtual-Reality-Brille. Der Wunsch nach solchen Geschenken erwächst nun aber weniger aus einer simplen und leicht ausnutzbaren Wahrnehmungspräferenz wie dem auffälligem Glitzern oder der angenehmer Süße. Er wird jetzt gespeist aus einem Bedürfnis, das die meisten Schulkinder in ihrem Alltag häufig nicht hinreichend stillen können.

Das ist einerseits das Bedürfnis dazuzugehören, in einer Gemeinschaft geborgen und mit anderen verbunden zu sein. Deshalb wünschen sich Kinder und Jugendliche meist das, was auch alle anderen haben. Und möglichst sogar in einer noch besseren Version. Sie leiden, wenn sie es nicht bald geschenkt bekommen. Das auszuhalten, fällt vielen Eltern schwer. Das wissen freilich die Hersteller digitaler Spiele und Geräte und bringen deshalb eine neue Version ihrer Produkte nach der anderen auf den Markt.

Für alle Kinder und Jugendlichen, die so gern mit anderen verbunden wären, aber im realen Leben und unter den Bedingungen des Schulalltags keine wirklichen Freunde oder Freundinnen finden, gewinnen vor allem solche digitalen Geräte eine besondere Anziehungskraft, mit deren Hilfe sie sich in soziale Netzwerke einloggen, sich dort darstellen und austauschen können. Und für all jene, die in der Schule besonders darunter leiden, dass sie dort nicht wirklich etwas gestalten und sich selbst und anderen nicht beweisen können, was sie »draufhaben«, haben die Hersteller von Computerprogrammen die passenden Spiele entwickelt. Wenn sich diese Heranwachsenden solch ein Computerspiel wirklich sehnlichst wünschen – und sie gar bereit sind, die von den Eltern gesetzten Bedingungen (nur zwei Stunden am Tag!) zu erfüllen –, bekommen sie es in der Regel auch geschenkt.

Es gibt also viele Gründe, die uns Erwachsene dazu veranlassen, Kindern etwas zu schenken, nach Möglichkeit genau das, was sie sich so sehr wünschen. Da die Hersteller all dieser »Geschenke« die ungestillten Bedürfnisse von Kindern und Jugendlichen sehr gut erkennen, versuchen sie ständig neue Produkte auf den Markt zu bringen, die sich ersatzweise zur Stillung dieser Bedürfnisse eignen. Dieses Spielwarenangebot kann viele wohlmeinende Erwachsene in eine Zwickmühle bringen und sie durch den Kauf solcher »Geschenke« zu ebenso hilflosen wie willfährigen Erfüllungsgehilfen dieser umsatzorientierten Anbieter von »Spielwaren« machen. Umso wichtiger ist es, sich vor Augen zu führen, was ein wirkliches Geschenk für Kinder und Jugendliche ist.

Kinder wollen dazugehören und sie wollen lernen, wie das Leben geht. Sie wollen etwas gestalten und zeigen, dass sie es können. Sie können nur darauf hoffen, dass Erwachsene ihnen helfen, diese Bedürfnisse zu stillen. Lernen können sie aber immer nur das, was ihre erwachsenen Begleiter selbst erkannt und verstanden, also selbst gelernt haben. Wenn diese Erwachsenen ebenfalls schon als Heranwachsende in gleicher

Weise verführt worden sind, laufen sie Gefahr, diese Verführungsstrategien selbst wieder einzusetzen. Und das kann ewig so weitergehen, denn Verführte neigen dazu, ihre Verführer zu schützen und sie – wenn diese doch irgendwann einmal bloßgestellt werden sollten – sogar noch zu verteidigen.

Weshalb Kinder durch Geschenke verführbar sind

Wer sich ein wenig in der Welt umgeschaut hat, wird auch bisweilen davon fasziniert gewesen sein, wie gut es Menschen geschafft haben, alle möglichen Lebensräume zu besiedeln, sich an die dort herrschenden Bedingungen anzupassen und ihre Kinder großzuziehen. Im tropischen Regenwald, im ewigen Eis, hoch im Gebirge der Anden und in den Pfahlbauten an den Küsten der Meere. In kleinen Dörfern und riesigen Städten, sogar den dreckigen Slums der Megacitys. In Flüchtlingslagern oder als Obdachlose auf der Straße leben Menschen und ziehen selbst unter trostlosen Bedingungen ihre Kinder groß. Keine andere Art ist in der Lage, so verschiedenartige und extreme Lebensräume zu besiedeln. Nur wir Menschen können das, und das hängt mit unserem zeitlebens plastischen und deshalb enorm lernfähigen Gehirn zusammen.

Anders als bei den Tieren werden im menschlichen Gehirn nur die allernötigsten, grundlegenden Vernetzungen der Nervenzellen durch genetische Anlagen bestimmt. Alles, was uns hilft, uns in der jeweiligen

Lebenswelt zurechtzufinden, in die wir als Kinder hineinwachsen, müssen wir unterwegs erst lernen. Nur dadurch, dass wir im Lauf des Lebens bestimmte Erfahrungen machen, besondere Fähigkeiten und Fertigkeiten entwickeln und spezifisches Wissen erwerben, entstehen die dafür erforderlichen neuronalen Verschaltungen im Gehirn. Und je besser sich diese Verschaltungsmuster herausbilden und gefestigt werden, desto besser finden wir uns auch im späteren Leben zurecht. Wären wir in einem anderen Kulturkreis, unter anderen Lebensbedingungen, in einer anderen Gemeinschaft aufgewachsen, hätten sich die Verschaltungen in unserem Gehirn anders ausgebildet. Das Spektrum der Möglichkeiten, wie sich die Nervenzellverknüpfungen organisieren könnten, ist daher bei jedem Neugeborenen immer viel größer als das, was letztlich beim Hineinwachsen in seine jeweilige Lebenswelt tatsächlich realisiert, das heißt im Gehirn herausgebildet und stabilisiert wird.

Dieses große Spektrum an Verknüpfungsmöglichkeiten ist das Potential, mit dem jeder Mensch auf die Welt kommt. Vorher, während der Embryonalentwicklung war es sogar noch größer. Während dieser Zeit strukturiert sich das Gehirn anhand der aus dem eigenen Körper zum Gehirn weitergeleiteten Erregungsmuster. Und weil die Beschaffenheit dieses Körpers und seiner verschiedenen Organe auch schon vorgeburtlich individuell recht unterschiedlich ist, kommt jedes Kind mit einem Gehirn zur Welt, das optimal zu seinem

Körper passt. Deshalb sind die Gehirne von Kindern zum Zeitpunkt ihrer Geburt bereits unterschiedlich vorstrukturiert. Deshalb verhalten sie sich nicht alle gleich, haben nicht alle das gleiche Temperament und die gleichen Begabungen.

Mit dieser jeweiligen Besonderheit ausgestattet muss jedes Neugeborene nach seiner Geburt lernen, sich in seiner Lebenswelt zurechtzufinden. Vorgeburtlich waren es die Signale aus dem eigenen Körper, die das Gehirn strukturiert hatten, jetzt sind es die vom Kind in seiner Beziehung zu seinen Bezugspersonen gemachten Wahrnehmungen, Reaktionsweisen und Erfahrungen, die die weitere Ausbildung seines Gehirns bestimmen. Alles, was ihm hilft, sich in der Welt zurechtzufinden, die das Kind umgibt, wird in Form der dafür geeigneten neuronalen Verschaltungsmuster in seinem Gehirn verankert. So lernen Kinder ganz von allein all das, was sie in ihrer Familie, in einer größeren Gemeinschaft, in einer bestimmten Landschaft, in einem Dorf oder in einer Stadt, in einem bestimmten Kulturkreis können und wissen müssen, um dort dazuzugehören und von den anderen beachtet, anerkannt und wertgeschätzt zu werden.

Ihre wichtigsten Lernerfahrungen machen Kinder aber nicht, wenn sie von den Erwachsenen unterrichtet, »gebildet« und »erzogen« werden, das heißt, wenn diese ihnen einen genauen Weg vorzeichnen und Handlungsanweisungen mitliefern, sondern indem sie selbst spielerisch ausprobieren, was alles möglich ist und auf welche Weise es funktioniert. Selbst mit dem Mund bestimmte Töne erzeugen, den eigenen Körper so lenken, dass sie von einem Ende des Zimmers an das andere gelangen, mit den Händen einen Turm aus Bauklötzen bauen. Und wenn ihre Freude über das, was ihnen gelingt, auch noch diejenigen freut, die dieses Kind begleiten, versuchen sie es erneut und immer wieder. So erlernen Kinder nicht nur das Krabbeln und Laufen, sondern auch die Sprache sprechen, auf Bäume klettern, Dämme bauen, schwimmen, Flöte spielen, auf Grashalmen pfeifen, Fahrrad fahren, das Smartphone bedienen, etwas zeichnen, mit Pfeil und Bogen schießen, auch lesen, schreiben und rechnen – das alles und noch viel mehr einfach nur dadurch, dass sie es zunächst spielerisch ausprobieren und – wenn es gelingt und sie sich darüber freuen, dass es ihnen gelingt – immer wieder üben, bis sie es schließlich immer besser können.

So funktioniert Potentialentfaltung. So funktioniert Lernen. Das Kind selbst ist der Gestalter seines eigenen Entfaltungs- und Lernprozesses. Es erlebt sich dabei als Subjekt, als eigenständige Person, die sich von Tag zu Tag ihre Lebenswelt mehr erschließt und ihren Horizont erweitert. Und je mehr sich seine Begleitpersonen mit ihm darüber freuen, was ihm alles gelingt, umso stärker fühlt das Kind sich auch von ihnen gesehen und mit ihnen verbunden. Und dieser Selbstlernprozess würde wohl auch immer so weitergehen, wenn diese jeweiligen Begleitpersonen sich nicht irgendwann – aus ihrer Sicht im Interesse des Kindes – dazu veranlasst sähen, ihre Freude über alles, was ihr Kind entdeckt und baut und ausprobiert, nicht mehr länger so ganz freien Lauf zu lassen. Bei manchen Eltern erwacht dieses Gefühl, dass es an der Zeit wäre, den Selbstentfaltungsprozess ihres Kindes in eine bestimmte Richtung zu lenken, früher, bei anderen später. Aber gänzlich diesem Impuls zu widerstehen, gelingt nur wenigen. Und es stimmt ja auch: Wie soll ein Kind lernen, sich in der Welt zurechtzufinden, wenn es nicht von denen angeleitet und geführt wird, die das schon gelernt haben? Aber deshalb brauchen Kinder kompetente Begleiter, keine Belehrer, und sie brauchen Erwachsene als Vorbilder, nicht als Bewerter.

Wie es nun weitergeht, wissen wir alle. Wir können es ja auch überall beobachten: Die Erwachsenen, die sich für die Erziehung und Bildung der Kinder zuständig fühlen, beginnen damit, den bisher spielerisch vom Kind vollzogenen Prozess der Erkundung seiner in ihm angelegten Möglichkeiten in eine aus ihrer Sicht notwendige oder zumindest wünschenswerte Richtung zu lenken. Sie machen das Kind damit zum Objekt ihrer jeweiligen Vorstellungen, ihrer Belehrungen, ihrer Bewertungen, ihrer Förder- und Erziehungsmaßnahmen. Das ist gut gemeint, aber aus der Perspektive des Kindes führt das zu einer schmerzhaften Erfahrung. Es erlebt nun, dass es so, wie es ist, nicht richtig ist, dass es gerade den Personen, mit denen es sich bisher am stärksten verbunden gefühlt hatte, nicht genügt. Und dass seine Entfaltungs- und Gestaltungslust nun auch nicht mehr so willkommen ist und weniger freudvoll mit ihm geteilt wird als bisher. Das Kind soll das machen und das lernen, was die Erwachsenen für wichtig und richtig halten.

Den jeweiligen Eltern, Erzieherinnen und Erziehern, Lehrern und Lehrerinnen ist meist nicht bewusst, dass diese Erfahrung, wie ein Objekt behandelt, also erzogen, belehrt und bewertet zu werden, beide Grundbedürfnisse des Kindes – das nach verlässlicher Verbundenheit und das nach autonomer Entfaltung – gleichzeitig verletzt. Die Kinder versuchen, den damit einhergehenden Schmerz zunächst auf irgendeine Weise zum Ausdruck zu bringen. »Trotzphase« nennen das die Psychologen. Aber irgendwann muss jedes Kind eine Lösung finden, um diesen Schmerz entweder zu unterdrücken oder ihn durch ein angenehmeres Gefühl zu überlagern. Auch diese Möglichkeiten sind im menschlichen Gehirn angelegt, auch sie kann ein Kind durch zunächst spielerisches Ausprobieren entdecken und, wenn es funktioniert, anschließend verfeinern und ausbauen. Manche finden so heraus, dass es weniger weh tut, wenn sie fortan einfach diese anderen Personen zum Objekt ihrer eigenen Absichten und Bewertungen machen. Je besser ihnen das gelingt, umso wahrscheinlicher sind sie im weiteren Leben darum bemüht, andere Personen zur Verfolgung ihrer eigenen Absichten und Ziele zu benutzen, Macht und Einfluss über andere zu gewinnen, in den Augen dieser anderen wichtig und bedeutsam zu werden.

Aber auch diejenigen, die das nicht schaffen, müssen einen Weg aus diesem Schmerz heraus finden. Und sie tun es zum Beispiel, indem sie sich gleich selbst zum Objekt ihrer eigenen negativen Bewertungen machen. Für viele wird das zu einem fortwährenden Lebensthema, mit der Folge, dass sie sich selbst immer weniger mögen und über kurz oder lang davon krank werden.

Beide, also all jene Kinder, die besonders gut lernen, andere zum Objekt ihrer Absichten und Ziele zu machen, wie auch diejenigen, die sich selbst zum Objekt ihrer negativen Bewertungen machen, indem sie sich als unfähig betrachten und sich selbst herabsetzen, müssen dafür eine hirntechnisch besonders schwierige Leistung vollbringen. Es ist dazu nämlich erforderlich, im Gehirn all jene neuronalen Netzwerke in ihrer Aktivität zu unterdrücken und zu hemmen, die genau das ausgelöst und hervorgebracht haben, was alle Selbstlernprozesse bisher angetrieben hatte: die Freude am eigenen Entdecken und Gestalten, das Bedürfnis, eigene autonome Entscheidungen zu treffen, die Suche nach verlässlicher Verbundenheit mit anderen Personen.

Leider schaffen die meisten Kinder das. Und dann spüren sie weder Freude noch Leidenschaft beim eigenen Tun. Ihr Bedürfnis nach Autonomie wird zu einem ständigen Kampf gegen Bevormundung, und ihre Sehnsucht nach Verbundenheit verwandelt sich in Ablehnung und Gleichgültigkeit gegenüber der Mitwelt.

Frei und unbekümmert sind solche Kinder fortan freilich nicht mehr. Sie wirken eher angestrengt und bisweilen sogar getrieben. Wenn sie überhaupt noch spielen, geht es den einen dabei vor allem darum, besser als die Spielgefährten zu sein und zu gewinnen. Die anderen neigen dazu, sich zurückzuziehen, sie agieren eher ängstlich und haben wenig Selbstvertrauen.

Das Unbeschwerte, Offene, Lebendige der ganz Kleinen ist nun verflogen. Und weil sich das mehr oder weniger stark ausgeprägt bei fast allen Kindern beobachten lässt, halten es die meisten Erwachsenen auch für normal. Genau so haben sie es ja in ihrer eigenen Kindheit auch erlebt, als – wie ihre Eltern es nannten – der Ernst des Lebens begann.

Aber wenn etwas sehr weit verbreitet ist und deshalb der Norm entspricht, bedeutet das ja nicht, dass es so auch gut oder gar optimal wäre.

Was für Erwachsene gilt, gilt erst recht für Kinder: Verführbar wird ein Mensch immer dann, wenn er ein ungestilltes Bedürfnis in sich trägt. So ein Zustand ist nur schwer auszuhalten. Das wissen alle Verführer. Deshalb bieten sie solchen Personen auch immer etwas an, was den zu Verführenden auf den ersten Blick geeignet scheint, dieses Bedürfnis zumindest einigermaßen, und sei es auch nur ersatzweise, zu befriedigen.

Das wichtigste Bedürfnis, das wir bereits mit auf die Welt bringen, ist das nach Verbundenheit und Geborgenheit. Und die wichtigsten Erfahrungen, die wir beim Hineinwachsen in diese Welt machen, sind Beziehungserfahrungen. Wir wollen, so wie wir sind, angenommen werden und dazugehören dürfen. Wenn wir bemerken, dass wir dieses Grundbedürfnis nur stillen können, indem wir den Vorstellungen anderer Menschen gerecht werden, versuchen wir, uns entsprechend anzupassen und uns so lange anzustrengen, bis wir einigermaßen so geworden sind, wie diese das von uns erwarten. Dann werden wir angenommen und dürfen dazugehören. Aber nicht, weil wir so sind, wie wir sind, sondern weil wir es geschafft haben, die Erwartungen dieser anderen Personen zu erfüllen.

Je besser uns das gelingt, desto größer wird die Anerkennung, die sie uns zuzugestehen bereit sind. So erlangen wir Bedeutung in den Augen dieser anderen Personen durch die Leistungen, die wir vollbringen. Diese Suche nach Anerkennung und Bedeutsamkeit, um von anderen geachtet und in ihre Gemeinschaft aufgenommen zu werden, beginnt für viele bereits während der frühen Kindheit in ihren Familien, er setzt sich fort in Kindergärten und Schulen, in der Ausbildung und später im Berufsleben. Es ist anstrengend, ein Leben lang nach Anerkennung suchen zu müssen. Jemand, der das tun muss, ist kein freier Mensch, sondern ein Bedürftiger und Bedürftige sind zwangsläufig leicht verführbar.

Das kindliche Gehirn, so lautet eine wichtige Erkenntnis der Hirnforscher, strukturiert sich anhand der Erfahrungen, die ein Kind bei seinen Versuchen macht, sich in der Welt zurechtzufinden, im Guten wie im Schlechten. Zum Glück ist das menschliche

Gehirn zeitlebens durch neue, günstigere Erfahrungen veränderbar. Deshalb ist es nie zu spät, einem Kind zu helfen, sich aus solchen Verwicklungen wieder zu befreien, sich also zu entwickeln. Und es gibt durchaus einige Geschenke, die Kindern dabei helfen, sich nicht so leicht zu verwickeln und – falls es doch dazu gekommen ist – sich möglichst umfassend wieder zu entwickeln.

Es gibt auch Kinder, die durch Geschenke nicht verführbar sind

Welche Fähigkeiten oder Kompetenzen müsste ein Kind besonders gut herausbilden, damit es resistent gegen jede Form von Verführung wird? Das ist eine spannende Frage, und gelegentlich begegnet man ja solchen unverführbaren Kindern. Nicht nur als Pipi Langstrumpf oder Ronja Räubertochter in Kinderbüchern, sondern auch im richtigen Leben, in der Nachbarschaft, im Kindergarten oder in der Schule. Solche Kinder wissen ziemlich genau, was sie wollen, und machen nur das, was sie auch wirklich interessiert, hochkonzentriert, mit großer Hingabe und aus völlig eigenem Antrieb. Dazu noch mit einer spielerischen Leichtigkeit, die alle Erwachsenen in Staunen versetzt. Oft passen sie daher nicht so recht in die normalen Kindergruppen der Kitas und Schulen.

Erwachsene reagieren häufig verstört oder gar erschreckt auf solche Kinder, denn sie lassen sich nicht erziehen, weder durch Lob oder Tadel, noch durch all die anderen Erziehungsmethoden, die bei den anderen

Kindern gut funktionieren. Auch durch Geschenke lassen sie sich nicht dazu verführen, das zu tun, was ihre Erzieher von ihnen erwarten oder verlangen. Weil sie so anders sind als ihre Gleichaltrigen, scheitern manche von ihnen in der Schule, werden zu Ärzten und Psychologen geschickt und erhalten dort nicht selten eine Diagnose, die eine Behandlung, auch mit Medikamenten, nach sich zieht.

Manche halten aber auch durch, gründen schon als Schüler ein Unternehmen, werden Künstler oder Erfinder. Sie engagieren sich für eine ihnen wichtige Sache und machen »ihr Ding«. Nicht selten sind sie dabei auch noch äußerst erfolgreich. Eine ganze Reihe der heute von uns bewunderten Unternehmer, Erfinder, Poeten und Künstler waren solche unverführbaren Schulversager.

Diejenigen, denen es gelingt, ihre Potentiale in dieser Weise zu entfalten, werden dann von all jenen, denen das nicht so gut gelungen ist, für hochbegabt gehalten. Angeblich seien dafür besonders günstige genetische Anlagen verantwortlich. Gefunden wurden solche besonderen Erbanlagen bisher allerdings noch nicht. Interessanterweise ist es nicht nur ein Merkmal, sondern ein ganzes Spektrum verschiedener Fähigkeiten und Kompetenzen, in dem sich diese Kinder von ihren Gleichaltrigen unterscheiden.

Am auffälligsten ist ihre ungebrochene Entdeckerfreude und Gestaltungslust. Die entfalten sie sehr kreativ und mit viel Phantasie. Sie verfügen also über eine ausgeprägte Vorstellungskraft. Weil sie ihre Ideen sehr beharrlich umsetzen, erleben sie sich als selbstwirksam, und daraus erwächst ihr bemerkenswertes Selbstvertrauen. Sie scheinen sich selbst – und nicht anderen – beweisen zu wollen, was in ihnen steckt.

Herausgebildet haben sie all diese besonderen Fähigkeiten allerdings nicht durch die Beschäftigung mit pädagogisch besonders wertvollem Spielzeug, sondern weil sie bei jeder sich bietenden Gelegenheit und mit allem, was sie tagtäglich vorfanden, spielerisch ausprobiert haben, was sich damit machen lässt – mit dem Küchengeschirr, mit Ästen und Steinen, mit Stiften, Knete, Papier und was sie sonst noch alles zu Hause, im Kindergarten oder draußen in der Natur finden konnten. Klar haben diese Kinder auch Geschenke bekommen, aber die waren für sie nicht attraktiver als der eben von ihnen entdeckte Akku-Bohrer aus dem Werkzeugschrank.

Und es gibt Geschenke, die Kinder davor bewahren, sich verführen zu lassen

Das wichtigste Geschenk, das alle Kinder brauchen, um ihre Talente und Begabungen zu entfalten und spielerisch auszuprobieren, was sie alles schon können und was es in ihrer jeweiligen Lebenswelt zu entdecken und zu gestalten gibt, kann man nirgendwo kaufen. Es ist das, was es unseren Schiffen ermöglicht, auf das große, weite Meer hinauszufahren: ein sicherer Hafen. Nur wenn sie den geschenkt bekommen, können sie ihrer Sehnsucht folgen und sich Schritt für Schritt in die ihnen noch unbekannte Welt vorwagen.

Wie schön gestaltet, wie komfortabel eingerichtet und wie perfekt ausgestattet dieser Hafen für ein Kind ist, spielt dabei keine Rolle. Auch ein Schiffshafen ist nicht dazu da, um dort bequem zu ankern und das Hafenleben zu genießen, sondern um die Schiffe vor Sturm und Unwetter zu schützen, sie aufzutanken und flottzumachen für die nächste große Fahrt.

Um einem Kind einen solch sicheren Hafen zu bieten, muss man weder zusätzliches Geld noch besonders viel Zeit investieren. So ein sicherer Hafen ist auch kein fester Ort. Er entsteht von ganz allein überall dort, wo ein Kind spürt, dass es von den Menschen, die es auf seinem Weg begleiten, wirklich geliebt wird.

Dazu bedarf es nicht einmal vieler Worte. Kinder spüren ganz genau den Unterschied, wenn ihnen jemand sagt »ich hab dich lieb« oder aber »ich hab dich lieb, weil du so bist, wie du bist«.

Dieses so schnell daher gesagte »ich hab dich lieb« beinhaltet leider allzu oft ein unausgesprochenes »aber«. »Ich hab dich lieb, aber ich hätte dich noch lieber, wenn du durchschlafen würdest.« Oder: »… wenn du dir mehr Mühe bei der Erledigung deiner Hausaufgaben gäbest.« Hingegen ist die Aussage »Ich hab dich lieb, weil du so bist, wie du bist« der Ausdruck bedingungslosen Vertrauens. Unser bedingungsloses Vertrauen in das Kind und in die Wahrhaftigkeit seiner Äußerungen und Bemühungen erschafft den sicheren Hafen, in dem das angeborene Vertrauen des Kindes blühen kann. Es fühlt sich dann genauso geborgen wie vor seiner Geburt, als es im Bauch seiner Mutter sicher aufgehoben war. Der sichere Hafen ist das wichtigste Geschenk, das wir unseren Kindern machen können. Sobald sie diesen sicheren Hafen spüren, erwacht ihre Freude am eigenen Entdecken und Gestalten. Dann beginnen sie ihrer wichtigsten Veranlagung nachzugehen: herauszufinden, wie das Leben geht.

Was ihnen dabei hilft, bringen die Kinder bereits mit auf die Welt. Es ist ihre unbändige Freude am unbekümmerten, selbst gestalteten Spiel. Ihnen dazu möglichst oft Gelegenheit zu bieten, wäre ein wunderbares Geschenk.

Mit Hingabe alles Mögliche zu entdecken und zu gestalten ist ja genau das, was sie tun, wenn sie spielen: Quasi aus nichts, aus den einfachsten Mitteln wie Stöcken und Tüchern schaffen sie sich kleine Welten, imitieren das Leben der Großen, erproben sich im Abenteuer. Sie würden sogar die ganze Zeit nur spielen, wenn es nach ihnen ginge. Leider sind viele Erwachsene noch immer der Meinung, das Spielen sei gegenüber all den vielen »ernsten« Tätigkeiten, die sie ihren Kindern beibringen wollen, eher unwichtig. Wer aber glaubt, es sei »nur ein Kinderspiel«, wird es nicht ernst nehmen und denken, man könne es beliebig unterbrechen. Aber ein Kind, das aufhören soll zu spielen, kann das nur tun, indem es aktiv seine Freude an dem unterdrückt, was es gerade spielerisch erkundet.

Es wäre also ein wertvolles Geschenk für unsere Kinder, wenn wir uns von dieser im Effizienzdenken verhafteten Vorstellung befreien und das freie und unbekümmerte Spiel *endlich* als die wichtigste Tätigkeit betrachten, der Kinder sich widmen können. Und wir könnten nicht nur unseren spielenden Kindern, sondern auch uns selbst ein sehr beglückendes Geschenk machen, wenn wir sie dabei weder belehren oder das Resultat ihres spielerischen Tuns bewerten, sondern einfach nur zugewandt und aufmerksam dabeisitzen, wenn sie etwas gestalten. Dann brauchen sie unsere Aufmerksamkeit nicht auf sich zu lenken, dann brauchen sie uns das Gestaltete nicht vorzuführen: Wir sind schon da und hören und schauen dem Kind zu, nicht aber dem, was es macht und wie gut es etwas macht.

Wir wissen alle, wie beglückend und erfüllend es ist, wenn wir uns mit etwas beschäftigen, das uns wirklich interessiert, das wir spannend und herausfordernd finden, weil es uns »liegt«. Immer dann, wenn wir auf diese Weise »in unserem Element« sind, vollbringen wir Höchstleistungen, ohne uns dabei sonderlich anstrengen zu müssen. Es macht einfach Freude, auf einem Gebiet immer mehr hinzuzulernen und sich immer mehr Kompetenzen anzueignen.

Das geht Kindern nicht anders als uns Erwachsenen. Deshalb wäre es für sie ein sehr wertvolles Geschenk, wenn wir ihnen dabei helfen könnten, herauszufinden, was ihnen liegt.

Allzu schwer ist das nicht, wir müssen nur einem Kind beim unbekümmerten Spiel zu Hause oder draußen in der Natur zuschauen. Denn wenn sie spielen, ohne sich dabei beobachtet zu fühlen, machen sie immer mit größter Hingabe genau das, was ihnen liegt.

Den meisten Erwachsenen, die ein Kind auf seinem Weg ins Leben begleiten, fällt es sehr schwer, dieses Kind ohne Vorurteile und innere Bewertungen einfach nur zu beobachten. Es gibt nur wenige, die nicht davon überzeugt sind, dass Mathe wichtiger als Stricken oder Basteln sei. Oder dass ein selbst zusammengebautes

Moped ein ebenso aussagekräftiges Lernergebnis ist wie eine gute Schulnote.

Aber genau das, was einem Kind tatsächlich liegt, wofür es ein besonderes Talent hat und was es deshalb auch besonders interessiert, ist doch auch das, worin es fast mühelos gut, oft sogar außergewöhnlich gut ist und erstaunliche Leistungen vollbringt. Was wiederum dazu führt, dass es sich selbst als »gut« erlebt und sich etwas zutraut. Und da sich, wie gesagt, das junge Gehirn anhand der Erfahrungen strukturiert und ausbildet, die ein Kind macht, ist es wichtig, dass sich positive Erfahrungen verfestigen, Erfahrungen, in denen das Kind sich in seinen Stärken als wirksam erlebt.

Leider sind die meisten Erwachsenen und ihre Kinder zu sehr mit dem beschäftigt, was in den Augen anderer Personen als »wichtig« oder »relevant« gilt und gesellschaftliche Anerkennung verspricht. Aber weil das den Kindern meist nicht liegt, interessiert es sie auch nicht. Und weil sie die Erwartungen der Erwachsenen nicht erfüllen, löst es in ihnen immer wieder das gleiche schmerzlich empfundene Gefühl aus: »Ich bin nicht gut genug.«

Endlich entdecken zu dürfen, was in unseren Kindern schlummert und erst dann zutage tritt, wenn sie mit dem, was sie tun, »in ihrem Element« sind, wird eine große Überraschung für uns sein. Wäre es nicht viel einfacher und zugleich beglückender für uns, jedes Kind in seiner einzigartigen schöpferischen Veranlagung zu erkennen, statt uns ständig über all das zu sorgen und aufzuregen, was es nicht so gut kann und wobei es angeblich »schwach« ist?

Am Anfang des Lebens sind sich die Kinder ihrer unbegrenzten Potentiale noch nicht bewusst. Aber jedes Kind hat von Anfang an das Gefühl und ist dann auch recht schnell davon überzeugt, dass es alles lernen kann, was von ihm bewunderte Personen in seinem Umfeld gelernt haben, und dass es dann später einmal das werden kann, was diese geworden sind. Es lebt im Grundsatz: Ich bin die richtige Person, am richtigen Ort, zur richtigen Zeit. Dieser Grundsatz ist frei von jeder Beurteilung oder Bewertung. Damit unterscheidet er sich grundsätzlich von dem, was wir Egoismus nennen.

Unsere Kinder verstehen alles, auch wenn sie einzelne Wörter noch nicht kennen und begreifen. Sie verstehen die Absichten hinter unseren Worten, sie können Unaufrichtigkeit spüren, so, wenn wir sagen, etwas sei »sehr schön«, es aber nicht wirklich meinen. Es ist diese nonverbale Sprache, die unsere Kinder zuerst erlernen. Sie bringt unsere tatsächliche innere Einstellung und Haltung ihnen gegenüber am deutlichsten zum Ausdruck. Meist bemerken wir das gar nicht, weil wir glauben, es käme auf das an, was wir sagen. So loben wir unsere Kinder mit schönen Worten und ahnen nicht, wie gut sie spüren, dass wir sie in Wirklichkeit für Entwicklungsanfänger und Förderungsbedürftige halten. Solche Erfahrungen sind auch schon für Kinder schmerzhaft und bringen sie dazu, das Gefühl und die Freude für das zu unterdrücken, was in ihnen steckt.

Durch unsere Erziehungsmaßnahmen und pädagogischen Bemühungen, die wir im Interesse der Zukunft unserer Kinder für erforderlich halten, spornen wir unsere Kinder ständig an, Fortschritte zu machen, sich zu verbessern – also etwas werden und erreichen zu wollen. Dann aber haben sie keine Zeit mehr, einfach sie selbst zu sein. Ein wahres Geschenk wäre es also, wenn es uns Erwachsenen künftig besser als bisher gelänge zu erkennen, welche Begabungen und Talente, wie viel Verantwortungsgefühl und Leistungsbereitschaft in unseren Kindern angelegt ist, und uns darüber zu freuen. Dann bräuchten wir uns nicht länger anzustrengen, ihnen all das »beizubringen«, und sie müssten es nicht länger aushalten, von unseren Vorstellungen und Erwartungen überhäuft zu werden.

Selbstvertrauen kann ein Kind nur dann herausbilden, wenn es immer wieder Gelegenheit hat, sich selbst zu beweisen, dass es in der Lage ist, unterschiedlichste Herausforderungen zu meistern und Probleme zu lösen. Zwangsläufig ergibt sich daraus, dass dieses Vertrauen in die eigenen Fähigkeiten nicht entstehen kann, wenn Begleitpersonen ihren Kindern möglichst alle Probleme aus dem Weg zu räumen versuchen, weil sie ihnen nicht zutrauen, die Herausforderungen selbst zu meistern, und sie vor schmerzlichen Erfahrungen schützen wollen. Wer keine Probleme und Herausforderungen hat, kann auch nicht lernen, sie zu bewältigen, auch wenn man dabei Fehler macht. Genau so funktioniert ja Lernen. Kinder, die vor all dem bewahrt werden, bleiben inkompetent und werden lebensuntüchtig. Auf neuartige Situationen reagieren sie dann entsprechend ängstlich und wagen sich nicht hinaus in die Welt.

Ebenso ungünstig wie der Mangel an eigenen Erfahrungen bei der Bewältigung unterschiedlicher Herausforderungen und Probleme ist es allerdings auch, wenn Kinder auf Probleme und Herausforderungen stoßen, die sie nicht bewältigen können. Das ist nicht nur dann der Fall, wenn ihnen die dazu erforderlichen Kompetenzen noch fehlen. Viele Kinder müssen erleben, dass ihre erwachsenen Bezugspersonen mit unlösbaren Problemen belastet, also überfordert sind. Meist handelt es sich dabei um Partnerschaftskonflikte oder berufliche Schwierigkeiten. Manche Erwachsene haben auch nicht gelernt, ihre Affekte hinreichend gut zu regulieren. Die Kinder sind dann deren überschießenden Gefühlswallungen hilflos ausgesetzt. Wenn Kinder immer wieder mit für sie unlösbaren Problemen konfrontiert werden, haben sie nicht nur keine Gelegenheit selbst herauszufinden, wie diese von ihnen gelöst werden können. Sie verlieren angesichts dieser Ohnmachts- und Hilflosigkeitserfahrungen auch das Vertrauen in ihre eigenen Gestaltungsmöglichkeiten und Lösungskompetenzen.

Zu wenige Probleme zu haben ist also genauso ungünstig für die Herausbildung von Selbstvertrauen, wie mit zu großen und unlösbaren Problemen belastet zu werden. Ein für unsere Kinder sehr wertvolles Geschenk wäre es also, wenn wir es schafften, sie vor allzu schmerzhaften Erfahrungen von Ohnmacht und Hilflosigkeit zu bewahren und ihnen möglichst oft Gelegenheit böten, selbst zu lernen, wie Probleme gelöst und Herausforderungen gemeistert werden können.

Kinder wollen als Subjekte behandelt werden, wollen so angenommen werden und dazugehören dürfen, wie sie sind. Schulleistungen, Hautfarbe, Alter oder Geschlecht sind in ihren Augen keine Kriterien, die einen Menschen auszeichnen. Kinder sind ursprünglich völlig frei von all den Bewertungen, wie wir sie vornehmen. In einer verlässlichen Gemeinschaft mit anderen Menschen, von denen sie gesehen und wertgeschätzt, geachtet und anerkannt werden, fühlen sie sich zu Hause.

Noch weiter gestärkt wird dieses Gefühl, wenn Kinder Gelegenheit bekommen, ihr Zuhause selbst mitzugestalten. Wenn sie sich also dort um etwas kümmern, wenn sie mithelfen und Verantwortung übernehmen dürfen, erleben sie sich als Entdecker und Gestalter, die mit ihrer Begeisterung am Entdecken und Gestalten die anderen anstecken und zum Mitmachen einladen.

Überall dort, wo Kindern dazu keine Gelegenheit geboten wird, suchen sie sich ein Betätigungsfeld, das es ihnen ermöglicht, das, was sie zu Hause nicht finden, ersatzweise in einer anderen Welt zu erleben. Deshalb tauchen unsere Kinder so gern in die virtuelle Welt hinter den Bildschirmen ein, wo sie Abenteuer bestehen, wo sie sich beweisen können, wo sie selbst etwas aufbauen und gestalten, es auch wieder abbauen und umgestalten können. Es ist aber weder hilfreich noch zielführend, ihnen die Nutzung digitaler Medien zu verbieten oder ihnen vorzuschreiben, was sie damit wann machen dürfen. Der Sog von Computerspielen, ihrer raffinierten visuellen Welten und Geschichten ist mächtig, aber wir sollten es nicht aufgeben, unseren Kindern ein Geschenk zu bereiten, das sie davon abhält, sich in virtuellen Welten mehr zu Hause zu fühlen als dort, wo sie real zu Hause sind: Wir könnten versuchen, die reale Welt so anziehend, lebendig und herausfordernd wie möglich für sie zu machen. Ein vom Rennfahren begeistertes Kind wird das virtuelle Rennspiel am Computer gern und sofort unterbrechen, wenn man ihm anbietet, eine Kartbahn zu besuchen und ein richtiges Rennauto zu fahren. Deshalb ist es so interessant herauszufinden, wofür Kinder sich wirklich interessieren. Denn damit beschäftigen sie sich auch am liebsten vor ihren Rechnern. Aber noch lieber folgen sie richtig guten Anregungen, wie sich das auch draußen, in der Natur, auf dem Schrottplatz oder in einer Burgruine, in einem Modedesignerstudio oder auf einem Flohmarkt machen lässt.

Sobald Kinder und Jugendliche Gelegenheit erhalten, sich mit etwas zu beschäftigen, das sie wirklich interessiert, beginnen sie auch sehr achtsam und behutsam mit allem umzugehen, was sie dazu brauchen. Verwundert reiben sich dann manche Eltern die Augen und können kaum glauben, dass es ihr Kind ist, das auf einmal so umsichtig aufpasst und alles sorgsam ordnet. Unsere Kinder übernehmen eben, wie wir Erwachsene, Verantwortung nur für das, womit sie sich verbunden fühlen. Wer die Tiere und Pflanzen draußen in der Natur nicht liebt, sie nicht einmal kennt und daher auch keine innere Beziehung zu ihnen aufbauen konnte, der wird auch nicht bemerken, dass im Sommer kaum noch Blumen auf den Wiesen blühen und im Wald die Bäume absterben. Ihm oder ihr wird es gleichgültig sein, wie es Bienen und Schmetterlingen, Kuckuckslichtnelken und Ebereschen geht. Wer sich mit seinen Haustieren nicht verbunden fühlt, wird sich auch nicht gern um den Familienhund kümmern, und wer noch nie Gelegenheit hatte, von einem Buch oder einem Gemälde oder einem Theaterstück berührt worden zu sein, wird sich nicht für das verantwortlich fühlen, was Kultur ausmacht.

Wenn wir uns also wünschen, dass unsere Kinder Verantwortung für sich selbst, für die Natur, die Kultur oder für andere Bereiche unserer Lebenswelt übernehmen, müssen wir ihnen die Möglichkeit bieten, den Zauber selbst zu spüren, der davon ausgeht. Sie brauchen die Gelegenheit, sich darauf einzulassen, sich damit zu verbinden. Dann erst wird all das, was dazugehört, für ein Kind wertvoll, dann wird es dazu beitragen wollen, diesen selbst erlebten Zauber zu bewahren, und dann ist ein Kind bereit, Verantwortung zu übernehmen und alles dafür zu tun, dass dieser Zauber nicht verloren geht.

Der Hinweis »Du solltest mir beim (unangenehmen) Spülen helfen und so deinen Teil der Bürde tragen« trägt leider in keiner Weise dazu bei, dass sich ein Kind mit den im Haushalt anfallenden Aufgaben verbindet oder dass gar sein inneres Bedürfnis erwacht, selbst aktiv zum Gelingen des familiären Zusammenlebens beizutragen. Im Gegenteil! So weiß ein Kind gleich, dass Mithelfen im Haushalt etwas ist, das man wohl lieber vermeidet.

Aber Verantwortung übernehmen sie gern, wenn sie sich mit den Erwachsenen und deren Tun verbunden fühlen. Schon kleine Kinder wollen mit dem großen Holzlöffel die dampfende Tomatensuppe umrühren. Und wenn sie anschließend am Familientisch serviert wird, ist jedes Kind glücklich, dass es daran mitgewirkt hat. Es würde also die Bereitschaft zur Übernahme von Verantwortung von Anfang wecken und weiter stärken, wenn wir Kindern beispielsweise Gelegenheit böten, gemeinsam mit uns zu kochen, und sie uns dabei helfen könnten, indem sie das Schneiden von Gemüse übernehmen oder eben das Umrühren. So können sie erleben, wie beglückend es ist, etwas für diejenigen und mit denjenigen zu tun, mit denen sie sich eng verbunden fühlen, und solche Erfahrungen stärken den Wunsch, selbst mitzuhelfen und aufzupassen, dass alles klappt.

In einer Welt, die sich so schnell verändert, dass heute niemand mehr sagen kann, welches Wissen morgen gebraucht wird, ist die Bewahrung der angeborenen

Lernfreude der wichtigste Schatz, den wir unseren Kindern mit auf den Weg geben können. Wenn wir diesen Schatz bewahren wollen, müssen wir aufhören, Kinder und Jugendliche zu Objekten unserer Absichten und Maßnahmen, unserer Belehrungen und Bewertungen zu machen. Das ist eigentlich einfach, denn Kinder finden es wunderbar, sich gemeinsam mit Erwachsenen einem ehrlichen Interesse hingeben zu können. Wenn sie beispielsweise auf dem Stuhl stehend neben der Mutter durch das Fenster die draußen streunende Katze beobachten, wenn dank der Begeisterung des Sohnes für Eisenbahnen die lang verschüttete Leidenschaft des Vaters für Modelleisenbahnen wiedererwacht oder wenn die vor lauter Dienst nach Vorschrift eingeschlafene Begeisterung des Trainers durch die Begeisterung der kleinen Kicker für Fußball wieder aufflammt. Das ist dann nicht nur für diese Erwachsenen ein Geschenk, sondern auch für das Kind. Es merkt, dass es in der Lage ist, die Augen der Erwachsenen wieder zum Leuchten zu bringen. Schon kleine Kinder erleben es als großes Glück, andere für etwas begeistern zu können, wovon sie selbst begeistert sind. Die meisten Erwachsenen lassen sich davon anstecken und beginnen ebenfalls, sich selbst mit Freude einzubringen. Diese Erfahrung nicht nur geteilter, sondern auch wechselseitig erzeugter Freude am gemeinsamen Tun stärkt in beiden das Gefühl tiefer Verbundenheit.

Es ist leicht herauszufinden, welche Geschenke Kinder glücklich und damit unverführbar machen

Es mag sein, dass Sie angesichts der hier beschriebenen Zusammenhänge zwischen dem, was wir unseren Kindern alles schenken, und dem, was diese davon wirklich brauchen, etwas verunsichert sind, und noch irritierender ist vermutlich die Frage, weshalb Sie selbst Kindern, Jugendlichen und vielleicht auch generell anderen Menschen so gern etwas schenken. Verbirgt sich dahinter eine Absicht? Geht es dabei womöglich eher um Ihre eigene dabei erlebte Freude als um das Wohl der betreffenden Kinder? Wer mag sich das schon gern eingestehen?

Unbequeme Einsichten und schmerzliche Selbsterkenntnisse erzeugen im Gehirn ein ziemliches Durcheinander. Das treibt den Energiebedarf dort oben in die Höhe und erzeugt ein ungutes Gefühl.

Solche Zustände sind sehr unangenehm. Die vermeiden wir lieber. Am besten, indem wir nicht länger darüber nachdenken.

Dass man Menschen, die man mag, gern etwas schenkt, ist eigentlich selbstverständlich in unserem Kulturkreis, zum Geburtstag, zu Weihnachten, ohne besonderen Anlass, Schenken ist etwas Schönes, und alle tun es. Also: Schwamm drüber, das war nur ein kurzzeitig geknüpftes Hirngespinst. Solche unangenehmen Fragen sollte man lieber schnell wieder vergessen. Dann können Sie so weitermachen und Ihre Geschenke verteilen wie bisher, und wir hätten dieses Buch umsonst geschrieben.

Aber zum Glück ist unser menschliches Gehirn in Wirklichkeit doch nicht so vergesslich, wie wir uns das angesichts mancher Schwierigkeiten und Probleme bisweilen wünschen. Manches bleibt darin so gut und fest verankert, dass man es sein ganzes Leben lang niemals vergisst. Zum Beispiel die Erinnerung an das eine oder andere Geschenk, das uns unsere Eltern, Großeltern oder andere, uns wohlgesinnte Personen damals gemacht haben, als wir noch Kinder waren. Wenn Sie anfangen, darüber nachzudenken, fällt auch Ihnen sicher so ein besonders wertvolles, unvergessliches Geschenk ein.

Ich (G.H.) erinnere mich zum Beispiel noch sehr gut an ein Geschenk, das mir mein Großvater jeden Morgen gemacht hat, als ich noch ein kleiner Junge war. Er war ein Frühaufsteher (ich damals auch) und machte für sich zum Frühstück eine Brotsuppe aus süßem Malzkaffee und Brotwürfeln. Ich durfte auf seinem Schoß sitzen, dann haben wir diese Brotsuppe zusammen gegessen und er hat mir Geschichten aus seinem Leben erzählt. An manche erinnere ich mich heute noch, und unvergessen ist das wohlige Gefühl der warmen Suppe in meinem Bauch und des ungestörten Zusammenseins mit meinem geliebten Großvater.

Später, als ich schon etwas größer war, hat mir mein Vater eine kleine Leiter an einer Kopfweide angebracht, über die ich in das Innere dieses alten Baumes klettern konnte. Es war dort wie ein Nest, außen wuchsen die neuen Triebe und Äste, und innen lag ich auf einem Bett aus Baumerde. Dieser Platz wurde zu meinem geheimen Versteck, in das ich mich zurückzog, wenn es wieder einmal Krach mit meinen Eltern oder Spielgefährten gab.

Bis heute ist dieses Baumhaus als Vorstellung jederzeit abrufbar, und dorthin ziehe ich mich in Gedanken zurück, wenn ich ein Problem habe, das mich beschäftigt und für das ich nach einer Lösung suche. Dort, in diesem erinnerten Geschenk meines Vaters, fällt mir dann meist eine gute Lösung ein.

Ich hatte auch einen Onkel, der konnte Autos reparieren, und er hat mir dabei geholfen, ein Fahrrad aus lauter im Schrott gefundenen Einzelteilen zusammenzubauen. Aber das größte Geschenk, das er mir damals machte, war etwas, das meine Eltern bis dahin streng verboten hatten: Feuer zu machen.

Draußen auf einer Wiese hat mir Onkel Wilhelm gezeigt, wie es geht. Mit Papier, trockenem Gras als Zunder, dann kleinen, trockenen Zweigen, die wir drumherum stellten, haben wir eine kleine Pyramide aufgebaut. Ich durfte das Feuer mit einem Streichholz anzünden und auch noch größere Äste drauflegen. Wie das gebrannt hat! Neben unsere Feuerstelle hatte mein Onkel einen Eimer mit Wasser gestellt. Für den Notfall, zum Löschen des Feuers. Es war wunderbar. Weil er mir gezeigt hat, wie man verantwortungsvoll und umsichtig damit umgeht, hatte ich vor Feuer seither keine Angst mehr. Und wenn mir jetzt im Herbst Kinder beim Martinsumzug mit ihren Elektrolaternen begegnen, befällt mich ein wehmütiges Gefühl. Ich frage mich, weshalb ihnen niemand gezeigt hat, worauf sie achten müssen, wenn sie mit brennenden Kerzen in ihren Lampions herumlaufen.

Kürzlich bin ich mit unserer Tochter, die selbst nun auch schon eine kleine Tochter hat, eine lange Strecke auf der Autobahn gefahren und dabei, wie üblich, im Stau gelandet. Da fing meine Tochter an zu singen, ein Lied nach dem anderen, die Kleine sang lauthals mit und ich auch. Und dann fiel mir ein, dass meine Frau und ich immer mit den Kindern im Auto gesungen hatten, wenn wir in den Urlaub fuhren. Dieselben Lieder, genauso laut und mit demselben Spaß. Ich habe meine Tochter nicht gefragt, aber ich kann mir gut vorstellen, dass sie davon erzählen würde, wenn sie eine Begebenheit in ihrer Kindheit nennen sollte, die sie als ein besonderes Geschenk an ihre Kinder weitergeben möchte.

Sie können es ja auch einmal versuchen. Es wird Sie überraschen, wie gut und wie lebendig die wirklich wichtigen Geschenke, die Ihnen von liebevollen Personen gemacht worden sind, in Ihrer Erinnerung abgespeichert wurden. Wahrscheinlich haben wir alle ein sehr feines Gespür dafür, welche Geschenke wir unseren Kindern bereiten sollten, die sie glücklich machen und sie so sehr stärken, dass sie sich von all den anderen, kurze Freude auslösenden, aber schnell wieder vergessenen Geschenken nicht mehr verführen lassen.

Was es für ein Kind bedeutet, bedingungslos geliebt zu werden

Kennen Sie dieses Gefühl noch aus Ihrer eigenen Kindheit? Diese innere Gewissheit, genau so, wie Sie waren, nicht nur völlig richtig, sondern wertvoll und bedeutsam zu sein? Erinnern Sie sich noch an das Glück, das Ihren ganzen Körper durchströmte, als Sie schon wieder etwas Neues ausprobiert, etwas entdeckt, gebaut und dabei etwas Wichtiges hinzugelernt hatten? Und an das Strahlen in den Augen Ihrer Mutter, die Ihnen dabei einfach nur zuschaute? Haben Sie sich jemals wieder mit einem Menschen so verbunden gefühlt, so sicher und geborgen? So leicht und unbeschwert alles machen können, was Ihnen in den Sinn kam? Ohne Angst und ohne Selbstzweifel. Und vor allem ohne das Gefühl, den Vorstellungen und Erwartungen anderer nicht gerecht zu werden. Sie waren einfach nur da, und das war genug.

Sie hätten es damals noch nicht in Worten ausdrücken können, aber sie fühlten sich bedingungslos angenommen und geliebt. Und weil Ihnen damals dafür nicht nur die Worte, sondern auch das bewusste

Verständnis des so Erlebten noch fehlten, können Sie sich heute auch kaum noch daran erinnern. Jedenfalls nicht mit dem Verstand, vielleicht aber mit dem Herzen.

Frühkindliche Amnesie, also Gedächtnisverlust, nennen die Psychologen das Phänomen, das nach Traumatisierung auftritt, die Kinder bereits sehr früh, vor dem Spracherwerb erleiden müssen. Das furchtbare Erleben ist dann später nicht mehr bewusst erinnerbar, bleibt aber im ganzen Körper verankert und äußert sich in einer Vielzahl unterschiedlicher körperlicher Symptome und Beschwerden. Dass das für die glücklichen Erfahrungen der frühen Kindheit und den damit einhergehenden körperlichen Empfindungen in gleicher Weise gilt, war bisher nur wenigen bewusst. Wie sehr sich eine Person später im Leben mit ihrem Körper verbunden und »in ihrer Haut« wohlfühlt, hängt also ganz entscheidend davon ab, ob sie als Kind die Erfahrung machen konnte, sich als angenommen, wertgeschätzt und geliebt zu erleben.

Später, wenn die Kleinen größer werden, lernen sie allmählich immer besser, selbst herauszufinden, was ihnen guttut und sie glücklich macht. Manches davon zeigen ihnen die Eltern, aber meist weniger durch Worte, sondern indem sie es ihnen vorleben. Aber nicht alles, was Erwachsene den Kindern vorleben, ist auch wirklich gut für die weitere Entfaltung der in jedem Kind angelegten Talente und Begabungen. Manches ist dafür eher hinderlich und manches macht Kinder sogar unsicher, untergräbt ihr natürliches Empfinden für das, was sie brauchen und womit sie sich verbunden fühlen. Das ist das große Problem, das wir Menschen mit unserem so überaus lernfähigen Gehirn alle haben: Wir müssen erst im Lauf des Lebens nach und nach herausfinden, was gut für uns ist. Und weil wir nicht allein heranwachsen und leben können und daher vor allem als Kinder von den Erwachsenen abhängig sind, kann es sehr leicht geschehen, dass wir von ihnen auch solche Vorstellungen, Überzeugungen und Lebensgewohnheiten übernehmen, die überhaupt nicht gut für uns sind. Ganz zu schweigen von all dem, was andere Heranwachsende, Geschwister, Freunde und Freundinnen, uns als Kindern vorleben oder was wir über Medien wahrnehmen und eingeredet bekommen. Wer ständig von anderen gezeigt und gesagt bekommt, wo es auf der Suche nach einem glücklichen und erfolgreich zu meisternden Leben entlanggeht, kann sich dann eben auch sehr leicht verirren.

Der Weg, auf dem sich jedes einzelne Kind ins Leben vorwagt, ist also durchaus nicht so einfach und geradlinig, wie wir uns das alle wünschen. Und er ist auch nicht durch die genetischen Anlagen so sehr von Anfang an bestimmt und vorgezeichnet, wie das selbst die Wissenschaftler lange Zeit geglaubt hatten. Auf eigenen Beinen zu stehen und damit auch zu laufen lernt jedes Kind. Aber nicht deshalb, weil es dafür eine Veranlagung besitzt – dass so etwas als Möglichkeit in ihm angelegt sein muss, ist selbstverständlich –, sondern weil es bei Erwachsenen aufwächst, die das schon können und ihm zeigen, wie es geht. Wohin es dann aber auf seinen eigenen Beinen läuft und welchen Weg es einschlägt, um sich im Leben zurechtzufinden, hängt ganz entscheidend von den Vorstellungen und Überzeugungen ab, die es von den Personen übernimmt, bei denen es aufwächst. Und vor allem auch von den Erfahrungen, die es in deren Obhut jeweils selbst machen muss, machen darf und machen kann.

Weder die Vorstellungen und Überzeugungen dieser Vorbilder noch die Erfahrungen, die ein Kind mit und bei ihnen macht, sind immer optimal. Beim Versuch, die in ihnen angelegten Potentiale zu entfalten und sich in der von Erwachsenen gestalteten Lebenswelt zurechtzufinden, geraten Kinder sehr leicht auch in erhebliche Verwicklungen. Manche versuchen sich so sehr an den Erwartungen anderer zu orientieren und sich an deren Vorstellungen und Lebensweisen anzupassen, dass sie sich selbst dabei verlieren. Manche lernen beim Heranwachsen aber auch immer besser, all das abzuwerten und abzulehnen, was ihnen von Erwachsenen angeboten oder zugemutet wird, und verwickeln sich dabei in destruktive Auseinandersetzungen und die entsprechenden Verhaltensweisen.

Wer sich auf diese Weise in und mit sich selbst oder auch in seinen Beziehungen zu anderen allzu sehr verstrickt hat, müsste anschließend Gelegenheit bekommen, sich aus diesen Verwicklungen wieder zu befreien, sich also zu ent-wickeln. Ansonsten bleibt ein solcher

Mensch schon als Kind und auch später, als Erwachsener, in diesen einmal entstandenen Verwicklungen gefangen. Damit sind wir nun beim wertvollsten Geschenk angekommen, das wir unseren Kindern machen können. Solange sie in eine Welt hineinwachsen, die wir Erwachsene nach unseren begrenzten Vorstellungen gestaltet haben und die für unsere Kinder nicht so ist, wie sie sein sollte, werden wir sie auch nur in begrenztem Maß davor schützen können, dass sie sich dabei immer wieder verwickeln. Deshalb ist es unsere wichtigste Aufgabe, ihnen dabei zu helfen, sich aus diesen so entstandenen Verwicklungen zu befreien. Wir wissen ja alle, wie das geht. Es steht auch in vielen Büchern und wird in Filmen gezeigt, manchmal lässt es sich sogar im Zusammenleben von Menschen beobachten: Es ist die Liebe, die uns Menschen hilft, uns zu ent-wickeln. Bei Erwachsenen, wenn sie sich selbst wieder zu lieben beginnen. Und bei Kindern, wenn sie spüren, dass sie geliebt werden.

So einfach ist das, und doch so schwer. Denn was bezeichnen wir nicht alles als Liebe, obwohl es damit doch gar nichts zu tun hat. Von Liebe getragen sind nicht die verworrenen Beziehungen von Partnern, die einander brauchen und miteinander um Vorherrschaft und Deutungshoheit ringen. Und Sexualität hat auch nicht zwangsläufig etwas mit Liebe zu tun. Ebenso wenig all das, was in vielen Pflegeheimen, Krankenhäusern, Schulen und Kindergärten stattfindet – also überall dort, wo es doch eigentlich um Entwicklung geht. Es scheint so, als müssten wir erst noch lernen, was Liebe bedeutet.

Liebe ist nicht einfach nur Wertschätzung und Respekt, auch nicht bedingungslose Hingabe. Ein Kind zu lieben heißt auch nicht, es einfach nur so anzunehmen, wie es ist, ohne sich darum zu kümmern, was es macht und ob es sich dabei möglicherweise allzu sehr verrennt. Kinder brauchen liebevolle Begleiter, die ihnen helfen, sich auf dem Weg, den sie für ihr Leben suchen, nicht so sehr zu verirren, dass sie später nicht wieder zurückfinden.

Deshalb ist Liebe kein Gefühl, sondern eine innere Einstellung und Haltung, die Entwicklung ermöglicht. Von der Liebe wird niemand überrumpelt, und sie fällt auch nicht vom Himmel. Um eine Liebende oder ein Liebender zu werden, bedarf es einer vom Herzen getragenen, aber auch gleichzeitig bewusst getroffenen Entscheidung. Und wenn es die Liebe ist, die uns hilft, Verwicklungen zu vermeiden und Entwicklung zu ermöglichen, dann kann man nicht lieben, ohne alles dafür zu tun, dass genau das auch wirklich geschieht. Kinder, die auf diese Weise erfahren, was es bedeutet, bedingungslos geliebt zu werden, brauchen dann auch keine Geschenke mehr.

Über die Autoren

Gerald Hüther ist einer der bekanntesten Hirnforscher Deutschlands. Er hat zahlreiche Bestseller über Entwicklung und Potentialentfaltung geschrieben, hält Vorträge, berät Politiker und Unternehmen und ist häufiger Gesprächsgast in Rundfunk und Fernsehen. 2016 gründete er die Akademie für Potentialentfaltung. Er versteht sich als Brückenbauer zwischen wissenschaftlichen Erkenntnissen und gesellschaftlicher bzw. individueller Lebenspraxis. Mehr über Gerald Hüther erfahren Sie unter www.gerald-huether.de.

André Stern, Sohn des Forschers und Pädagogen Arno Stern, in Paris geboren und aufgewachsen, Musiker und Bestsellerautor, ist ein international gefragter Referent. Er leitet das Institut Arno Stern und ist einer der Protagonisten in Erwin Wagenhofers Film »Alphabet«. Mehr über André Stern erfahren Sie unter www.andrestern.com.

Penguin Random House Verlagsgruppe FSC® N001967

4. Auflage

Neumarkter Str. 28, 81673 München
produktsicherheit@penguinrandomhouse.de
(Vorstehende Angaben sind zugleich
Pflichtinformationen nach GPSR)

Umschlaggestaltung: FAVORITBUERO, München
Satz: Greiner & Reichel, Köln
Druck und Bindung: GGP Media GmbH, Pößneck
Printed in Germany
ISBN 978-3-328-60119-7
www.penguin-verlag.de